...Und lasse mich tragen vom Wind

Doris Röschmann

lebt in Hamburg und Südtirol. Sie ist Mutter einer erwachsenen Tochter. Mit ihrem Diplom in Psychologie machte sie sich 1992 selbständig und war in wechselnden Kontexten tätig: Als Trainerin, Beraterin, Ausbilderin, Moderatorin, Rednerin, Coach und Therapeutin. Durch diese drei Jahrzehnte zog sich kontinuierlich ein Motiv: Menschen dabei anzuleiten, wie sie in den Kontakt mit ihren Gaben und ihren Träumen und damit zu ihrer Bestimmung finden können.

25 Jahre war sie ehrenamtlich in der Geschäftsführung und im Vorstand für eine gemeinnützigen Stiftung tätig, die für Frieden als individuellen sowie kollektiven Prozess der Versöhnung vor allem international wirbt und wirkt.

Als Autorin hat sie Fachbücher über Seminargestaltung veröffentlicht. In ihren Fortbildungen, Seminaren und Vorträgen vermittelt sie psychologisches und neurophysiologisches Wissen auf alltagstaugliche Weise. Anhand ihrer vielfältigen Lebens- und Berufserfahrungen hat sie einen eigenen Ansatz entwickelt und betitelt: *Selbsterkenntnis als Lebenskunst.*

Fragen für die Freiheit

Schon als junge Frau war Doris eine Suchende und wollte die Mysterien des Lebens verstehen. Lebenskrisen machten sie zu einer Fragenden, und ihre individuellen Erfahrungen wurden zu ihrer Inspirationsquelle: Schreibend findet sie zu universellen Antworten und entdeckt dabei immer aufs Neue: jede Erkenntnis schenkt neue Freiheiten.

Kontakt: coaching@doris-roeschmann.de

Doris Röschmann

...Und lasse mich tragen vom Wind

Fragen an die Freiheit

Bibliografische Information der Deutschen Nationalbibliothek: Die Deutsche Nationalbibliothek verzeichnet diese Publikation in der Deutschen Nationalbibliografie; detaillierte bibliografische Daten sind im Internet über dnb.dnb.de abrufbar.

© 2023 Doris Röschmann
Herstellung und Verlag: BoD - Books on Demand, Norderstedt
ISBN 978-37-5781-562-2

FÜR P.

Fragen an die Freiheit

Inhalt

ICH LASSE MICH TRAGEN VOM WIND

ICH WOHNE IM WEICHEN DUFT
EINES URALTEN STAMMES

ICH BIN FREI WIE EIN VOGEL
UND LASSE MICH TRAGEN VOM WIND

ICH LEBE IN EWIGER ZEIT
UND SINGE MEIN LIED

VARIATION I

ICH BIN FREI
UND WEISS NICHT

WOHIN DAS LEBEN
MICH TRAGEN WIRD

ICH BIN BEREIT
UND SITZE AUF SEINEN FLÜGELN

ES LIEBT MICH
UND ICH SINGE SEINE LIEDER

Variation II

Mit offenen armen
in den neuen morgen

ich liebe und bin
in ihren Worten geborgen

Ich singe mein lied
in die himmelsweiten

das Lebensbuch
eröffnet mir neue Seiten

Ich bin frei
und lasse mich tragen vom Wind

Variation III

Ich liebte Deinen Duft
in Deiner Gegenwart war es weich

Unser Lieder haben gut geklungen
Ich habe gerne mit Dir gesungen

Wir waren frei
und der Wind hat uns getragen

Wir haben den Vögeln gelauscht
Und jeder Moment war eine Ewigkeit

ICH BIN FREI

ICH HÄTTE DICH GERNE GELIEBT
WILD UND BUNT UND FREI.

MEIN JA ZU DIR KOMMT ZURÜCK
ALS ECHO VOM BERG

ES TRÄGT DEINEN NAMEN
NICHT MEINEN.

UND LÄSST MICH WEINEN
ICH DREHE MICH UM UND BIN FREI.

SAG JA

SAG JA ZU DEINER LIEBE
SIE STICHT UND DEIN HERZ BRICHT AUF
ZERSTÖRT DEINE BILDER
ZEIGT DIR DEIN WAHRES GESICHT
SIE MACHT DICH ERST
ZU DER, DIE DU BIST.

UND WENN SIE NICHT MEHR IST

SAG JA ZU DEINER LIEBE
SO WIE SIE WAR
EIN TEIL VON DIR
SIE WOHNT IN DEINEM HERZEN
LASS SIE SCHLAFEN
BIS SIE VON NEUEM ERWACHT.

DIE LIEBE NAHM ABSCHIED

SIE GAB MIR NICHT DIE HAND
UND SAGTE NICHT ADIEU

ICH BLIEB DA
UND GLAUBTE WEITER AN SIE

LANGE SCHON WAR SIE WEG
WER SAß DIE GANZE ZEIT DA?

DER ABSCHIED
VERKLEIDET ALS LIEBE.

ICH SAGE JA

ICH LIEBE UND LACHE

ICH LIEBE UND LACHE
TRÄUME UND TANZE

TRÄNEN WEINEN KANN ICH AUCH
SIE FLIEßEN

FÜLLEN LEERE HERZEN
TREFFEN MITTEN HINEIN.

Unfrei

Lügen sind leicht
denkst Du
Und spinnst lange Fäden
Sie machen mich blind
und kleben.

BEREIT

SCHLIEßE DIE AUGEN
DANN WIRST DU SCHAUEN

BRICH DEINE MAUERN
DANN WIRST DU BAUEN

LERNE HARREN
DANN WIRST DU GEHEN

LASSE DICH FALLEN
DANN WIRST DU STEHEN

Befreit

Wechselnde Gefühle
umgeben mich
wie ein Schleier die Braut.

Ich bin nicht der Schleier
das dünne Gewebe
aus Wut, Trauer
oder sehnender Liebe.

Ich schaue dahinter
dort leuchtet es rein
fast zu hell
als dass ich ohne Schleier
meinem Anblick trau.

Du Mensch

Was weißt Du Mensch denn schon?
Geboren mit Schleiern vorm Gesicht
in diese Erdenschwere.

Du weißt, im Lieben erntest Du Lohn
Deine Herzensgaben fallen ins Gewicht
Alles andere ins Leere.

ROSEN I

EINMAL KOMMT DIE ZEIT
EINE ROSE ZU PFLANZEN

DER SAMEN LIEGT SCHON BEREIT
DAS KEIMEN GESCHIEHT
IM JAHR DER HEITERKEIT

DAS WACHSEN FOLGT DEM
GEHEIMEN GANZEN
DIE ROSE ERBLÜHT
IM SOMMER DES LEBENS

DIE WELT IST EIN GARTEN
VOLLER ROSEN
EINMALIG JEDE EINZELNE
IN IHREM ERWARTEN
DER UNENDLICHKEIT

Rosen II

Rosenblätter welken
sie singen das alte Lied
vom Wachstum und Sterben.

Erblüht in größter Liebe
zu sanftem Duft und Licht
in vollendeter Gestalt.

Stolz und Stark ergeben sie sich
Halten steht ihnen nicht zu
Sie vollenden ihr Entfalten.

BÄUME

TRAGEN STILL
IHRE WIPFEL
IN DIE QUELLE IHRER EINSAMKEIT

LAUSCHENDES SCHWEIGEN
ANDÄCHTIG STEH' ICH
IM TIEFEN SCHNEE

NUR MEIN KLOPFENDES HERZ
HÖREND ERINNERT MICH
DEINER ANWESENHEIT

Du Baum

Mein Freund
Gibst Am Stamm
Deine Kraft
Ergibst Dich
im Rhythmus des Lebens
Schöpfst Stärke
aus der Tiefe
Tanzt Biegsam
im Wandel
mit Geduld.

Mein Lehrer
Tiefer Sinn lebt durch Dich
Dein Duft spricht
von der Schönheit
und Lebendigkeit
vom Verfall
und Vollendung
in Würde.

MEIN PFAD

ICH STEHE VOR VIELEN WEGEN
WELCHER BRINGT MIR SEGEN?
VORBESTIMMT VOR LANGER ZEIT
AUCH ICH WARD DARIN EINGEWEIHT.

SCHLEIER FALLEN IN MEIN GESICHT
ZWEIFEL VERDECKEN DAS WEISE LICHT
ÄNGSTE VORM LEBEN HALTEN MICH ZURÜCK
IN WESSEN HAND LEG ICH MEIN GESCHICK?

MEINE WÜNSCHE SIND LAUNENHAFT
VERHEIßEN MIR KEINE KRAFT
MEINE LIEBE LOCKT UND VERSPRICHT MIR VIEL
MEIN WILLE VERWIRRT UND OHNE ZIEL

ICH SEHE MICH, DREHEND IM KREISE
IN DER VERZWEIFLUNG WERDE ICH LEISE
KAUM HÖRE ICH FLÜSTERNDE WORTE
TRAGEN SIE MICH AN UNBEKANNTE ORTE.

EIN PFAD

MANCHE PFADE SIND SCHMAL
ZU BEIDEN SEITEN EINE SCHLUCHT
DAS ALTE ZIEHT MICH ZURÜCK
IN DAS BEKANNTE, FAHL
DAS NEUE IST UNGEWISS, VOLLER WUCHT

HABE ICH EINE WAHL?

LANGE HÄLT DAS GLEICHGEWICHT NIE
ANGST VERSTEIFT DIE GELENKE
STARK BIN ICH MIT GESCHMEIDIGEM KNIE
EIN SCHMALER PFAD FÜHRT AUS DEM TAL
UNBEKANNT SIND SEINE GESCHENKE

ICH HABE DIE WAHL.

ICH BIN

ICH BIN SCHÖN UND GROSS
STARK UND GESUND
UND FRAGE:
WER BIN ICH?

ICH BIN KLUG UND SCHNELL
GEWANDT UND GESCHICKT
UND WIEDER FRAGE ICH:
WER BIN ICH?

ICH GENIESSE ERFOLG
KANN LEISTEN UND SCHAFFEN.
UND FRAGE:
WER BIN ICH?

ICH LIEBE
UND WERDE GELIEBT
UND WIEDER FRAGE ICH:
WER BIN ICH?

ICH KENNE TRAUER, SEHNSUCHT
VERZWEIFLUNG UND WUT
UND STÄRKER WIRD DIE FRAGE:
WER BIN ICH?

ICH TRÄUME, ICH WACHE,
SPIELE UND LACHE,
UND SINGE DIE FRAGE:
WER BIN ICH?

BEI SONNE, BEI REGEN
WOLKEN UND WIND
BLEIBT IN MIR NUR EINE FRAGE:
WER BIN ICH?

ALS ERSTE AM MORGEN
ALS LETZTE AM ABEND
GIBT SIE MIR KRAFT DIESE EINE
FRAGE AN DIE FREIHEIT

Glück?

Man mag vermögen
ein voller Magen
macht es leicht
Hosenträger zu tragen

man lebt in vollen Zügen
Luxus, umgeben von Lügen

man zeigt Zähne
beim Lachen
scheinbares Glück
bis zum Erwachen.

HEILIGE NÄCHTE

DUNKLE TAGE, LANGE NÄCHTE
LICHTER ÜBERALL

AUßEN ZUM LEUCHTEN
INNEN ZUM FINDEN

OFFENE HERZEN
MÜTTER GEBÄREN MIT SCHMERZEN

IMMER NOCH UND - WEN?
HIMMELSTÖCHTER- UND SÖHNE

SIND SO REIN
UND KÖNNEN NOCH SEHN.

ERINNERE DICH

WER DU SEIN WOLLTEST
DENN ALS DU IN DEIN LEBEN ROLLTEST
ENTZOG DIE ERINNERUNG SICH.

FOLGST DU IHR?
SIE ÖFFNET DIR TÜR UM TÜR
UND DEINE LEBENSSPUR ENTFALTET SICH.

Fragen an die Freiheit

Wovor hast Du Angst?
fragt die Freiheit

Vor dem Schmerz
antwortet das kleine ich

Du kennst ihn also nicht
sagt die Weisheit

Er quält mich
befürchtet das unerfahrene ich

Weil du gegen ihn kämpfst
weiß die Liebe

Soll ich aufgeben?
fragt das unfreie Ich

niemals! schau hin.
Sagt die Wahrheit

Wohin?
Fragt das unwissende Ich

Nach innen. finde den Raum des Ergebens

Wer sagt das?
fragt das Hoffende ich

Das verrate ich nicht
Doch dort erwarte ich dich.